# SUPPLÉMENT

A LA REQUÊTE

PRÉSENTÉE

A SON EXCELLENCE LE GARDE-DES-SCEAUX.

IMPRIMERIE DE FIRMIN DIDOT,
RUE JACOB, N° 24.

# SUPPLÉMENT

A LA REQUÊTE

PRÉSENTÉE

A SON EXCELLENCE LE GARDE-DES-SCEAUX,

AU NOM

de M. de Pons,

Marquis de la Chataigneraye,

RELATIVEMENT A LA RECONNAISSANCE ET CONFIRMATION
DU TITRE DE PRINCE.

MONSEIGNEUR,

MONSIEUR le marquis de la Châtaigneraye a eu l'honneur de présenter dans une première requête à Votre Excellence, l'ensemble des preuves qui justifient sa demande *en reconnaissance* et *confirmation* du titre de *Prince;* mais comme les nombreuses citations qui accompagnent cette pièce, ne permettent guère d'en suivre l'enchaînement avec toute la facilité désirable, il croit devoir ici, en résumant ses principaux moyens, y ajouter un complément nécessaire, et prévenir ainsi les objections qui pourraient lui être opposées.

Ayant déja produit, en expédition légale, la preuve qu'à l'époque où sa Maison a été admise aux honneurs de la Cour, M. Chérin père, généalogiste des ordres du Roi, l'a formellement reconnue comme sortie de la souche même des sires de Pons, vers le milieu du XII^e^ siècle, autrement dit, comme branche *puînée*, il pense que cette décision souveraine a suffisamment établi et le fait principal, et le droit de sa famille au nom et armes de Pons, qu'elle a repris effectivement; ses nouvelles observations se borneront en conséquence à fortifier celles des preuves qui ont démontré précédemment :

1° Que la tige principale de Pons est éteinte en tous ses rameaux;

2° Que les sires de Pons, autrefois grands feudataires de la couronne (barons du royaume), étaient *princes* en cette qualité, et subsidiairement possédaient une *principauté* érigée (Mortagne-sur-Gironde), dont ils joignirent le titre aux qualifications plus éminentes qu'ils avaient déja.

Nous montrerons, en troisième lieu, quels sont les droits de l'exposant.

## PREMIÈRE QUESTION.

### *Extinction de la tige principale.*

Cette tige, dont Antoine sire de Pons, mort en 1586 sans enfants mâles, a été le dernier descendant direct, avait formé cinq branches ou rameaux successifs qui furent :

1° La branche des seigneurs de Brosses et de Bourg-Charente, commencée à Charles de Pons, VIII^e^ fils de Francois II^e^ du nom sire de Pons, et finie après trois degrés inclusivement par la mort de Renaud, comte de Bourg-Charente, décédé sans hoirs;

2° Celle des barons de Mirambeau, formée par Jacques de Pons IIe du nom, fils puîné de François Ier, sire de Pons, et éteinte aussi après trois degrés par la mort de Jacques III, qui ne laissa que des filles.

3° Celle des marquis de la Caze, comtes de Rocquefort et de Marsan, sortie de la précédente, et dont l'auteur est Poncius, fils puîné de Jacques II, baron de Mirambeau : elle finit par Louis-Henri, dit le marquis de Pons, qui n'eut point d'enfants ;

4° Celle des seigneurs de Thors, barons des Côteaux, issue des seigneurs de la Caze, qui, commencée par Renaud, marquis de Thors, IIIe fils de Jean-Jacques de Pons, marquis de la Caze, ne dura qu'un degré de plus, et qu'on a classée ici la quatrième, pour suivre l'ordre des extinctions;

5° Enfin celle des seigneurs comtes de Rocquefort, marquis de Roissac, également provenue des seigneurs de la Caze, commencée par Poncius de Pons, IIIe du nom, comte de Rocquefort, IIe fils du susdit Jean-Jacques de Pons, et finie par la mort de Charles-Armand-Augustin, vicomte de Pons, tombé sous la hache révolutionnaire. (*Extrait de la généalogie, dressée sur les matériaux fournis par M. l'abbé de l'Espine, conservateur aux manuscrits de la Bibliothèque, et professeur à l'école des Chartes.*)

On n'exigera pas sans doute la preuve légale qu'il n'existe plus aucun individu de ces derniers rameaux, dont l'extinction est établie par une notoriété constante, que rien n'a jamais infirmée, et à laquelle l'exposant ne peut que se référer ; quant au dernier rejeton (Charles-Armand-Augustin), l'acte de sa condamnation à mort est joint aux pièces ; et chacun sait qu'il n'a laissé qu'une fille unique, aujourd'hui madame la marquise de Tourzel.

Une autre considération qui, nous l'espérons, aura également quelque poids, c'est qu'il répugne de croire que des sujets mâles de ce nom soient tellement ignorés, que personne n'en ait connaissance, que nul n'ait réclamé contre l'ouvrage généalogique, publié depuis plus d'un an, qui énonce formellement l'extinction de toutes les branches autres que la famille de l'exposant, et dont il a lui-même adressé un exemplaire aux parents de M. le vicomte de Pons; enfin qu'une pareille erreur puisse se trouver dans un livre honoré de la souscription de Sa Majesté.

Ce que nous avons à dire subséquemment prouvera d'ailleurs que cette extinction n'est même pas d'une nécessité absolue pour établir le droit dont il s'agit.

## SECONDE QUESTION.

*Qualité princière de la Maison de Pons.*

Nous avons dit que la qualité *princière* des sires de Pons, résultait principalement de leur rang parmi les *barons du royaume ;* nous allons achever de le prouver, d'abord en montrant que ceux-ci étaient *princes ;* ensuite que les sires de Pons marchaient de pair avec eux.

### § I.

*Les Barons du Royaume étaient Princes.*

Voici quelques-uns des textes qui établissent la proposition :

« Les registres du parlement de la Toussaint de l'an 1282, sous le règne « de Philippe-le-Hardi, contiennent une enquête du 12 décembre, qui porte « ces mots : « *Apert que baronie anciennement était* SEIGNEURIE SOUVE- « RAINE *après le Roi et dessous lui ; ainsi baronie est plus que comté, at- « tendu qu'il y a des comtes qui sont barons, d'autres non;* d'où l'on tire « cette induction que les *barons du royaume* étaient pris pour les *princes* « (souverains), et que le titre de baron surpassait alors tous les autres, « tant de comte que de duc. » (*La Roque, Traité de la Noblesse, édit. de* 1734, *pag.* 240.)

« Comme l'hommage se faisait à toute mutation du seigneur et du vassal, « du moins en la plupart des coutumes, le seigneur (c'est-à-dire le haut ba- « ron) avait droit, en cas de cette mutation, d'entrer dans les châteaux « de ses vassaux, d'y exercer les marques de *souveraineté*, d'y arborer « ses enseignes etc. » (*Du Cange, Dissert. XXX, pag.* 355.)

Voir aussi les notes du Tableau des Mœurs françaises au temps de la chevalerie, publié récemment par M. le comte P. de Vaudreuil, où se lisent ces mots :

Lorsque le vassal l'était de deux *souverains* ennemis, il était obligé « de remettre ses châteaux (s'ils étaient rendables) aux *barons* respec- « tifs de qui ils relevaient.... Les *souverains* ou *hauts barons* qui avaient « le droit de reprise sur les châteaux de leurs vassaux, faisaient de temps « en temps usage de ce droit, etc. » (*Du Cange, Comment. sur Joinville.*)

— « Entre un grand nombre de *seigneurs* qui jouissaient des droits « *régaliens*, les huit plus considérables étaient les ducs de Bourgogne, « de Normandie, d'Aquitaine et de Gascogne, les comtes de Flandre, « de Champagne et de Toulouse.... le comte de Barcelone.... le comte « d'Anjou.... Pour le duc de Bretagne, il relevait alors de celui de Nor- « mandie. Je ne parle point des *états* qui se formèrent du royaume de « Lorraine, entre autres les deux duchés qui portaient ce nom... ni de « ceux qui se firent du débris du royaume d'Arles, comme la comté de « Bourgogne, celles de Viennois ou Dauphiné et de Provence, parce « que ces pays n'étaient pas de la France, mais relevaient des empereurs « d'Allemagne. » (*Mézerai. Voir aussi Dissert. sur la Noblesse, par Boulainvilliers, pp.* 159, 176, 231, etc.)

— Du Tillet (*Recueil des Rangs, p.* 69, *ancienne édit.*) dit qu'au sacre de Louis XI, furent plusieurs princes, barons, chevaliers, etc., au nombre desquels est nommé, *Monsieur le souverain de Flandre.*)

— « Il est certain, dit enfin le savant dom Vaissette (Histoire du Languedoc), que, dès le X$^{me}$ siècle, les vicomtes de Narbonne, d'Albi, de « Béziers, d'Agde, etc. (auxquels il faut joindre plus tard les sires de

« Pons, vicomtes de Turenne et de Carlat), jouissaient des droits *réga-* « *liens* dans leurs domaines, et de tous les attributs de la *souveraineté.* »

Nous ajouterons, pour compléter la preuve, que ces hauts barons étaient assez souvent désignés par la susdite qualification de *princes,* bien que ce ne fût pas un usage général, ainsi qu'on le verra plus bas ; en effet :

— La généalogie imprimée des sires de Pons, page 4, fait mention d'une charte accordée en 1067 à l'abbaye de St.-Florent de Saumur, par Guillaume, vicomte d'Aunay, et qu'il voulut, dit-il, faire ratifier par ses *princes,* c'est-à-dire, Guillaume, comte de Poitiers, duc de Guyenne, dont il relevait, et Foulques Taillefer, comte d'Angoulême auquel appartenait alors la *mouvance* de la sirerie de Pons dont il était possesseur indivis. Voici la fin de cette charte que M. l'abbé de l'Espine (conservateur aux manuscrits de la Biblioth.) a transcrite sur l'original conservé autrefois dans le cartulaire de ladite abbaye, livre noir, pag. 84, et dont il a bien voulu donner communication... : « *Ego igitur Willelmus vicecomes de Odenaco,* « *dedi et concessi vicariam et omnem consuetudinem.... volui igitur hanc* « *cartam manu propriâ firmari, et a* PRINCIPIBUS *nostris et commilitoni-* « *bus atque michimilitantibus corroborari.* »

— Monstrelet (*tom. I, chap.* 149), employant, comme la plupart des auteurs, le mot *bannière* pour désigner les *hauts barons* (parce qu'il n'y avait pas un de ceux-ci qui n'eût droit de bannière), et sans doute aussi les bannerets de leur lignage, dit qu'à la bataille d'Azincourt « il fut trouvé qu'à compter les *princes,* y avait mors cent à six vingts bannières. »

— Plusieurs *princes* ont réclamé le secours de la Sainte-Vierge, « comme les ducs de Bourgogne, dont le cri était, selon Monstrelet (*tom. I,* « *chap.* 47), Notre-Dame-Bourgongne... les comtes de Foix... les comtes « d'Auxères... les ducs de Gueldres... le *seigneur* de Coucy, le comte de « Hainaut, etc. » (*Du Cange, Dissert.* XI, *pag.* 207 et 213.)

— Froissart (*chap.* 71, *pag.* 79, *édit. de* 1574), après avoir nommé le vicomte de Rohan avec plusieurs *princes*, ajoute : « et tous les autres *princes* et *barons* qui là étaient. »

— Les anciens comtes de Blaye étaient également qualifiés *princes*: c'est ce qui résulte d'une charte de l'an 1090, mentionnée dans les Frag. hist. Aquit. tom. XI, fol. 73, de dom Cl. Étiennot, où Guillaume Fredeland est nommé *prince* de Blaye (*Blaviensium princeps*); et d'une autre de 1106, tirée du cartulaire B de l'abbé Hugues de Cluni, fol. 270, charte 725, où Gérard, fils du précédent, a le même titre. (*Voir la Généal. de Blaye, tom. V, pag. 4 de la nouvelle Histoire des Pairs de France, et les lettres d'érection du marquisat de la Châtaigneraye jointes aux pièces.*)

Il faut dire pourtant que le mot *princeps* n'avait pas toujours, dans le X^me siècle, l'acception restreinte qu'il a eue depuis, quoiqu'on s'en servît également pour désigner la plus haute suprématie; mais ce qui ne peut laisser aucun doute, ce sont les propres termes de la commission adressée, en 1547, par Henri II à du Tillet, greffier du parlement et garde du trésor des chartes, à l'effet de rechercher « quel rang avaient « tenu en toutes grandes et solennelles assemblées, les princes du sang, « tant ducs que comtes, et les autres *princes du royaume*, ducs, comtes et « autres de moindre titre et qualité (1). » (*Extr. du Cérémonial français.*)

Le même du Tillet nous fournit, au surplus, un passage tellement précieux et concluant par l'autorité de son auteur, que nous croyons devoir le rapporter en entier.

« Quand en la France, il y a eu en effet plusieurs *rois*, sans nom, ne « tiltre royal, que les *grands vassaux de la couronne* y étoient moins « obéissants qu'ils ne devoient, soustenoient les moindres en leur inso« lence, et que ce royaume étoit reiglé *comme nous avons veu l'Allemagne*; « non-seulement ceux qui usoient de ces mots par la grâce de Dieu, duc « ou comte, se nommoient *princes* sans être du sang royal, comme feit

(1) M. de Chasseneux, premier président du parlement de Provence, dit aussi dans le livre intitulé *Catalogus gloriæ mundi* qu'il composait en 1527, « que dans les assemblées des *princes* « *du royaume*, le duc de Bourgogne a, comme pair et comme doyen des pairs, la préséance sur « tous les autres. »

« Guillaume Tête-d'Estoupe, duc d'Aquitaine, par tiltre de l'augmenta-« tion de l'abbaye de Bourgueil en vallée, de l'an 919; Ponce, grand « prince et duc d'Aquitaine, par tiltre de Guillaume comte de Tholose, « pour ledit évêché de Sainct-Pons de l'an 1080; Thibaut, comte de « Chartres, par tiltre de l'abbaye de Bonneval, de l'an 1118; et autres « sans nombre, mais aussi simples seigneurs, s'intituloient *princes*, comme « firent Eude Sr du Bourg de Deols, puisné du comté de Bourges, et au-« tres plusieurs. » Il ajoute plus bas : « Plusieurs étrangers ayant *supé-« rieur pour l'hommage*, ne laissent d'être tenus pour *souverains;* parce « qu'ils usent de tous autres *droicts souverains;* ainsi souloit estre en « France, où il n'y a plus qu'une *souveraineté royale*, et n'y sont *princes* « que ceux qui *naissent des princes*, etc. » (*Recueil des Rois de France, pag.* 318, *édit. de* 1607.)

## § II.

*Les sires de Pons étaient Barons du Royaume.*

Rien n'est plus notoire que cette qualité attestée par la plupart des historiens et même des romanciers qui ont écrit sur la matière. (*Voir entre autres Froissart, nouv. édit. année* 1369, *pag.* 247 *et suiv.; du Tillet, Recueil des Traités, pag.*170*; ainsi que les* 3e *et* 4e *volumes de l'ouvrage sur la Chevalerie déjà cité, dont le dernier surtout est presque entièrement consacré à la Maison de Pons.*) Il semblerait donc peu nécessaire de s'y appesantir ; nous appellerons cependant l'attention sur deux preuves : l'une est tirée de la lettre de M. de Beaujon, généalogiste des Ordres du Roi, à M. de Beringhen, premier écuyer, où le fait se trouve énoncé en ces termes : « Sa maison (celle du comte de Pons) a un caractère de gran-« deur dont on trouve peu d'exemples dans nos meilleures maisons; on « voit entre autres faits que Renaud, sire de Pons, fut compris au nom-« bre des *Barons du royaume* dans le catalogue qui en fut dressé par

« ordre de Philippe-Auguste, etc. » (*Extrait des registres originaux encore existants de l'ancien Cabinet du St.-Esprit.*)

L'autre provient de la qualification de *cousin* donnée par nos Rois à tous les sires de Pons; car n'ayant occupé aucune des charges ou dignités de la couronne qui conféraient individuellement cet honneur, si les titulaires n'étaient pas *princes* ou alliés du monarque, ils n'ont pu le devoir qu'à leurs terres de baronnie (fiefs immédiats), c'est-à-dire entre autres, la sirerie de Pons, la vicomté de Carlat, et la majeure partie de celle de Turenne, dont ils étaient en effet *seigneurs souverains*, sans l'hommage (1).

Or, maintenant, puisque d'une part il est certain que les *barons du royaume* étaient *princes* de fait comme de nom, et que de l'autre il est également prouvé que les sires de Pons tenaient rang parmi eux, il en résulte nécessairement que la maison de Pons était *princière* comme celle des ducs d'Aquitaine, celle des comtes de Bretagne, de Champagne, de Flandre et d'Anjou; celle encore des premiers vicomtes de Limoges,

(1) Cet hommage, peut-être unique dans son genre, et qui, rendu directement, prouverait seul ce que nous avons avancé, avait lieu de cette manière : Le sire de Pons, *armé de toutes pièces*, se présentait au roi et lui disait: « Sire, je viens à vous pour vous faire hommage de ma terre de « Pons, et vous prier de me maintenir en mes privilèges. » Le roi le recevait et devait lui donner par gratification l'épée qu'il avait à son côté. (*Hist. de Saintonge, par Armand Maichin, à la Bibl.*)

L'histoire et les monuments relatifs à la maison de Pons, nous la représentent, au surplus, comme ayant toujours eu une grande puissance (surtout jusqu'à la fin du XVI^e siècle). Plus de 60 villes et bourgs, plus de 600 paroisses ou terres seigneuriales, composaient son apanage, que les comtés de la Marche et d'Angoulême, la baronnie de Lusignan, la ville et seigneurie de Fougères en Bretagne, etc., devenus sa propriété à titre successif et de substitution, auraient encore beaucoup accru, si Charles-le-Bel n'avait contraint Hélie-Rudel, II^e du nom, sire de Pons, à lui en faire *meram et puram donationem*, par acte *datum et actum apud Asnieras*, l'an 1322. (*Trésor des Chartes*, n° 22.)

On voit de plus ses chefs commander des armées levées dans leurs domaines et équipées à leurs frais, jouer le rôle de *médiateurs* entre les rois de France et ceux d'Angleterre, être *conservateurs* de leurs trèves, faire la paix ou la guerre, etc. (*Voir les actes publics de Rymer.*)

A l'égard du titre de *cousin*, le P. Henri Griffet dit, dans son traité de la *Vérité de l'Histoire*, que sous Charles V, ce titre était le plus distingué qui fût en usage de la part du roi de France,

de Turenne, etc., toutes comprises alors sous la dénomination générique de *hauts barons*, quel que fût leur titre (1).

Objection. L'examen de la généalogie, imprimée, de la maison de Pons fera peut-être demander pourquoi ses membres n'étaient qualifiés ordinairement que *sires* ou *barons*. Nous ferons à ceci plusieurs réponses: la première sera, que les actes employés à dresser ladite généalogie, bien que suffisants pour établir les degrés, ne composent pas la centième partie des originaux non retrouvés, qui avaient été produits au cabinet du St.-Esprit (ils remplissaient sept malles et cent quarante-cinq cartons); et du reste qu'il en est plusieurs où les sires de Pons ont le titre de *Magnifique*,

et qu'il ne se donnait qu'aux *princes* et aux proches parents de la maison royale : il ajoute que ceux des ducs et pairs et des grands-officiers de la couronne qui l'avaient, étaient la plupart *princes* ou alliés du monarque.

(1) « Les *Barons de France* étaient ceux qui relevaient nûment et immédiatement du roi et « qui lui devaient hommage-lige sans réserve; c'est la force du mot *Baron.* » (*Du Cange, Dissert.* XIII, pag. 222.)

« Le mot *baron* était anciennement général, adapté aux princes du sang, ducs, marquis, comtes « et autres de la noblesse de France, tenant leurs *seigneuries princales* immédiatement de la « couronne en *tous droits*, fors les souveraineté et hommage (appartenant au roi); pour ce les « vieilles ordonnances, chartes et tiltres, faisant mention des barons, les comprenent sous ce mot. » (*Du Tillet, Recueil des Rangs, anc. édit.*)

Nous ajouterons le passage suivant pour jeter un plus grand jour sur la matière.

« Il y avait certaines terres relevantes nûment du roi qui étaient réputées *grands fiefs de la* « *couronne*, quoiqu'elles ne fussent ni duchée ni comtée, et c'est ce qui s'appelait *tenir du roi par* « *baronnie*, c'est-à-dire aux honneurs et prérogatives de *barons du royaume;* telles étaient les terres « de *Bourbon*, de *Beaujeu* et de *Coucy*, comme on le verra par la déclaration de Philippe-le-Bel au « sujet des *amortissements*.... Au reste, il sera prouvé par plusieurs jugements, ordonnances et « *traités* de nos rois que je donne dans le cours de cet ouvrage, que les seigneurs de ces terres non « titrés qui étaient tenues de la couronne *par baronnie*, étaient appelés à tous les conseils que le roi « convoquait pour les plus grandes affaires de l'état, et qu'ils y avaient voix délibérative de même « que les grands vassaux titrés. » (*Brussel, Examen des Fiefs*, tom. 1er, pag. 173 et suiv.)

Il est à remarquer que les sires de Pons n'étaient pas même dans ce cas, attendu que, vicomtes de Turenne et de Carlat, et plus tard comtes de Blaye, ils possédaient des fiefs de dignité, non pas élevés au rang des grands-fiefs, comme les terres ci-dessus énoncées, depuis que le duc de France, dont elles mouvaient, fut devenu roi, mais relevants de la couronne.

généralement affecté aux *princes* (1). (*Généal. imprimée, page* 30 *et* 33.)

La seconde résulte de ce que, d'après l'usage, les *hauts barons* ne portaient guère que le titre de leur principal domaine, soit duché, comté ou sirerie, et souvent même n'étaient qualifiés que *Seigneurs* ou *Messires* (2).

(1) Dans un instrument du 13 septembre 1391, rapporté par du Tillet (*Recueil des Rangs*, p.58), Monsieur Guillaume de Bavière, comte d'Ostrevant, est dit fils aîné de noble et *magnifique* homme monsieur le comte de Haynau.

(2) L'abbé Georgel, dans sa Réponse à un écrit anonyme, p. 57, en donne la raison : « Sous Louis XI, Charles VII, Louis XII, dit-il, et précédemment à plus forte raison, l'on ne regardait pas le titre de *prince* comme essentiel pour caractériser une descendance de maison souveraine : les princes du sang même n'étaient souvent qualifiés que *barons* ou *seigneurs* et quelquefois *messires*. » L'histoire nous en offre au reste une multitude de preuves; ainsi nous lisons dans Godefroy, tom. 1, p. 151 : « Furent audit sacre (celui de Charles V), les évêques de Laon, etc., et plusieurs « autres prélats, et les *barons*, Loys duc d'Anjou, Philippe duc de Tourraine, frères du roi, le duc « de Brabant.... le duc de Lorraine... le duc de Bar... et plusieurs autres nobles *barons*... Au « sacre de Charles VI, eut grand nombre de *seigneurs*, ses quatre oncles, Anjou, Berry, Bourgogne « et Bourbon... Là étaient ses cousins, tous jeunes enfants; celui de Navarre, d'Albret et de Bar, etc., « enfants de *hauts barons de France.* »

—Les comtes de Bretagne-Penthièvre, reconnus pour princes de naissance, ne sont qualifiés que *très-hauts et puissants seigneurs* dans tous leurs actes, et notamment dans le contrat de mariage de Guillaume de Bretagne avec Isabeau de La Tour. (*Actes de Bret.*, tom. II, col. 1534. *Voir l'abbé Georgel*, p. 139.)

—Dans un traité de partage accordé à Pierre de Bretagne, fils du duc Jean V, ce prince n'est qualifié que *Messire* Pierre de Bretagne. (*Ibid. col.* 1319, *ibid.*)

— Dans les articles accordés pour le mariage de Jeanne de Bretagne, fille du duc Artus II, avec Robert comte de Flandre, celui-ci est simplement nommé Robert de Flandre, sire de Cassel, et même *messire* Robert. (*Chambre des comptes de Paris et actes de Bret.* tom. Ier, *col.* 1331 *ibid. pag.* 138.)

— Un titre original du 22 janvier 1580 (*Manuscrit de Béthune, à la Bibliothèq.*, n° 28, *et Mém. pour servir à l'Hist. de Bret.*, par dom Morice, *col.* 1457, *ibid. pag.* 140), ne qualifie un prince de la maison de Savoie que *messire* Jacques de Savoie, fils de messire Philippe de Savoie et de Charlotte d'Orléans, etc.

Que conclure de tous ces exemples, ajoute l'auteur cité, p. 142, et d'une foule d'autres qu'on pourrait rapporter? « Qu'alors la sévérité de l'étiquette n'obligeait pas à prendre dans ces sortes « d'actes les scrupuleuses précautions qu'on prend aujourd'hui. Dans ces temps reculés, le titre de « *prince* se prenait rarement; les princes même du sang et les autres princes de maisons souve- « raines ne se désignaient que par le nom de leur seigneurie : *Messire de Bourbon, le sire de Beaujeu,* « *le seigneur d'Orval, le seigneur de Ravestein, le sire de Guémené,* etc. »

Nous dirons en troisième lieu, que nous croyons avoir plus fait en prouvant que les sires de Pons avaient réellement le rang et la dignité de *princes*, que si nous avions exhibé telle charte où ils se trouveraient désignés par ce titre.

## TROISIÈME QUESTION.

*Preuves du Droit spécial de l'Exposant.*

Cette troisième question serait fort simple si l'exposant était seul : car sa maison étant *puînée* de celle de Pons, et lui ayant succédé à titre universel, il n'aurait alors aucun compétiteur. Comme cependant ladite maison est composée de deux branches (*Voir la Généal. jointe aux pièces*), l'une formée par la postérité de Jacques né vers 1521, et devenue la première, depuis la défaillance de la tige directe ; l'autre sortie d'Olivier, frère puîné de ce dernier, et représenté par M. de La Châtaigneraye, qui, dès-lors, se trouve chef de la seconde, il devient nécessaire de faire voir sur quoi repose sa demande.

Les droits provenus d'une souche commune sont ordinairement de deux sortes : les uns attachés à l'ordre de primogéniture, comme, par exemple, un titre héréditaire de mâle en mâle, une substitution de biens, etc. ; les autres inhérents à *la race*, tels que le nom, les armes, la *qualité*.

Pour ce qui est des premiers, ils appartiendraient exclusivement, s'ils existaient, à la branche supérieure, et de plus, seraient susceptibles de s'éteindre avec elle ; à l'égard des seconds, ils sont propres à toutes les branches, surtout quand elles sont séparées depuis plusieurs siècles, et n'ont aucun intérêt commun.

Or, les priviléges résultant d'une origine *princière*, sont au nombre de ceux-ci, et même spécialement ; de manière que si cette proposition est prouvée, le droit de l'exposant en sortira nécessairement : mais et les principes et les faits concourent à l'établir, ainsi que nous allons le démontrer. Voici d'abord les principes.

Du Cange (*Gloss. tom. V, pag.* 844), parlant des princes autres que ceux du sang, dit en propres termes que leurs enfants *naissent princes* et en conservent la *qualité.*

Loyseau (*Livre des Seigneuries souveraines, chap. II, n°* 13) déclare : « Qu'outre les princes en qui réside la souveraineté, il y a des *princes de* « *race*, qu'il nomme *princes honoraires.* » Il avait dit précédemment « (*Chap. VI, n°* 9), que nous avons, comme les Anglais, des chevaliers « et seigneurs de plusieurs sortes, mais que nous avons de plus qu'eux les « *princes*, à savoir ceux qui sont issus de maisons souveraines, qui sont « encore de plusieurs sortes. » Il ajoute (*ibid. n°* 85) : « qu'il y a d'autres « princes que ceux du sang royal, que l'ordonnance de 1576 en énonce « expressément d'autres, etc. J'estime, ajoute-t-il, qu'on ne peut faillir de « les qualifier *princes,* puisque le Roi les honore de ce titre.... Voire même, « les maintient en la jouissance des prérogatives attribuées aux seuls « *princes.* »

Enfin, et cette autorité est tellement imposante, que nous bornerons là nos citations, on lit dans des lettres patentes de Louis XIII, données à Fontainebleau, le 20 octobre 1629 (*Voir les Remarques de Godefroi sur l'Hist. de Charles VIII, pag.* 835 *et suiv.*) : « que les *branches* et *lignées* « de princes reconnus dans l'état tiennent rang de *princes.* »

Quant aux faits, ils sont en quelque sorte unanimes. Nous voyons effectivement que les *puînés* des maisons de Lorraine (par exemple, les princes de Lambesc, de Vaudemont et de Marsan, aujourd'hui éteints), de Savoie, de Rohan, (Guémené, Soubise, Rochefort), de Beauffremont, de Beauvau, etc., sont tous *princes.* Nous remarquons aussi que, surtout pour les chefs de branche, il en est de même dans les maisons *princières* d'Allemagne, soit régnantes, soit médiatisées, soit à diplôme, comme les deux dernières nommées ci-dessus, à moins qu'une stipulation primitive en eut autrement décidé, dans celles d'Italie et de Russie, etc.

Si l'on opposait à cette législation presque aussi ancienne que la monarchie, les règles adoptées dans les chancelleries modernes au sujet des titres concédés à certaines conditions par la grace du Prince, l'Exposant a trop de confiance en la justice de Votre Excellence pour craindre qu'elle voulût les appliquer à un droit qui remonte au XIIe siècle, époque à laquelle les sires de Pons, ses auteurs, étaient déja classés parmi les *hauts barons de France*, et qui de toute manière, n'emportant aucune revendication d'héritage ou de privilége aboli, ne saurait exprimer qu'une *qualité*.

L'absence des droits utiles ne semble pas non plus devoir être un argument contraire : car Votre Excellence n'ignore pas que divers sujets des maisons de Foix, de Clèves, d'Étampes et de Bretagne-Penthièvre, ont joui en France du titre de *princes* et de ses prérogatives, non-seulement sans posséder de seigneuries souveraines, mais de plus sans être aptes à devenir souverains ; que les maisons de Rohan et de Lorraine en jouissent encore ; et que le 18 août dernier, la diète germanique a consacré le principe en accordant d'une voix unanime le titre d'altesse à tous les anciens membres de l'Empire, aujourd'hui médiatisés.

Dans le cas enfin où l'on objecterait que le droit en question en resté sans effet depuis l'extinction de la tige directe de Pons, nous répondrions, comme dans la première requête, qu'une branche peut avoir méconnu ses titres sans nuire à ceux d'une autre ; et qu'à l'égard de l'Exposant, il a produit les siens aussitôt qu'ils ont pu être établis légalement.

Une dernière observation que nous croyons pouvoir nous permettre, bien qu'elle soit étrangère à la cause, c'est que les révolutions et le temps ont détruit un si grand nombre d'anciennes races, ou du moins tellement effacé la trace des origines, que très-peu de familles pourraient aujourd'hui fonder une semblable demande.

Tels sont les développements que M. le marquis de la Châtaigneraye a cru nécessaire d'ajouter à ses premiers moyens. Pour ce qui le concerne personnellement, il pense ne devoir insister ni sur les services de ses auteurs, ni sur le titre dont il jouit en vertu de lettres d'érection registrées en parlement : ni enfin sur l'avantage déja prouvé, qu'il a de descendre de la famille royale de Lusignan; de compter par sa mère née Montmorin, dont les ancêtres florissaient dès le règne du roi Lothaire, une princesse de la maison régnante (Jeanne-de-Bourbon-Vendôme) au nombre de ses aïeux maternels; d'être apparenté à celle de Lorraine, à celle des ducs souverains de Bouillon, etc.

Plein de confiance dans la validité de ses preuves (1), et si besoin était, se réduisant au moyen tiré de la qualité *princière* qu'avaient les sires de Pons ses auteurs, comme anciens *barons du royaume*, l'Exposant demande en résumé, que cette *qualité* soit maintenue en sa personne, à raison de ce principe aussi constant que généralement admis : *toute branche de maison princière est princière*, qu'il invoque en vertu d'un droit privé et complétement indépendant de celui que la première branche peut avoir à exercer, si elle se trouve en mesure de le faire.

(1) En voici l'ordre et l'enchaînement :

1° Les grands feudataires de la couronne, *barons du royaume*, quel que fût le titre de leur apanage et quand même ils n'en auraient pas eu, étaient *princes* comme *seigneurs souverains*, jouissant dans leurs domaines de tous les droits *régaliens*, et se trouvaient égaux en dignité.

2° Les sires de Pons tenaient rang parmi les *barons du royaume*, tant à cause de leur sirerie de Pons que des vicomtés de Turenne et de Carlat, qu'ils possédaient ainsi que le comté de Blaye, et autres vastes domaines qui, réunis, auraient formé l'une des belles provinces du royaume. C'est un fait aussi incontestable qu'incontesté, prouvé d'ailleurs par le catalogue même des *hauts barons de France* que fit dresser Philippe-Auguste ; l'hommage direct qu'ils rendaient au Roi, leur titre de *cousin*, etc.; d'où suit qu'ils étaient non moins *princes* de fait et de droit que les ducs d'Aquitaine, par ex. les comtes de Champagne, ceux de Flandre, ceux de la Marche, et, si l'on veut, les membres de l'ancien empire germanique, en tous temps regardés comme tels.

3° Les branches séparées des maisons *princières*, même de celles à diplôme, sont également *princières*; cette règle n'a d'autres restrictions en Europe que celles qui, dans l'origine, ont pu être stipulées.

Mais l'exposant est chef de l'une de ces branches, ainsi qu'il ressort d'une décision souveraine émanée de l'ancien cabinet du Saint-Esprit, lors des preuves faites par sa famille pour les honneurs de la cour, et dont l'expédition légale a été produite.

La qualité de *prince* semble donc être un privilége de sa naissance.

Notre tâche est maintenant terminée; nous croirions cependant ne l'avoir pas entièrement remplie, si nous négligions de rappeler un précédent célèbre et d'autant plus grave ici, que la décision solennelle dont il offre l'exemple, a résolu par le fait les questions principales qui servent de base à la présente requête, savoir : la *souveraineté* des anciens feudataires de la couronne, immédiats ou arrière-vassaux, leur droit au titre de *prince*, quel que fût leur domaine, et celui des *puînés* de maison *princière* à la même *qualité;* nous voulons parler de ce qui s'est passé en 1757, relativement à l'illustre maison de Rohan.

Cette maison ayant en effet sollicité (sans distinction de branches) la récognition de sa qualité *princière*, l'acte suivant, inséré pag. 26 dans l'ouvrage publié par l'abbé Georgel en 1761, lui fut délivré, et donna lieu à la lettre que nous transcrirons ci-après.

« Nous, généalogiste des ordres du Roi, ayant eu l'honneur d'être « choisi pour leurs altesses sérénissimes monseigneur le duc d'Orléans, « premier prince du sang, et monseigneur le comte de Clermont, prince « du sang, pour vérifier l'origine de la maison de Rohan, certifions avoir « fait la présente table généalogique sur les titres en bonne forme, depuis « et y compris l'année 1021, à nous communiqués par M. le prince de « Soubise, et avoir trouvé que la maison de Rohan a pour auteur les vi« comtes et comtes de Porrhoët, aussi qualifiés vicomtes et comtes de « Rennes et de Bretagne, connus comme *souverains* dans la Bretagne. « En foi de quoi nous avons signé le présent acte, et y avons apposé le « cachet de nos armes. A Paris, ce 18 février 1757.

*Signé* CLAIRAMBAULT. »

Lettre de M. le comte de St.-Florentin, ministre et secrétaire-d'état, à monseigneur le prince de Soubise. A Versailles, le 27 avril, 1757.

« Le Roi m'ordonne, Monseigneur, de vous faire savoir que leurs al-« tesses sérénissimes M. le duc d'Orléans et M. le comte de Clermont « ont déclaré à S. M. qu'après avoir examiné les titres qui prouvent que « la maison de Rohan descend des comtes Porrhoët, connus comme *sou-« verains* en Bretagne, ils reconnaissent le *droit* et la possession où elle « est (toutes les branches par conséquent) de *prendre la qualité de « prince par définition d'état*, et de jouir des honneurs attachés à cette « *qualité*, etc. » (*Archives de Soubise. Voir l'abbé Georgel, pag.* 103.)

Nous finirons par le parallèle suivant, appuyé sur l'histoire, et qui nous semble être le meilleur complément de tout ce que nous avons dit.

Les anciens comtes de Bretagne, souche des vicomtes ou comtes de Porrhoët, auteurs de la maison de Rohan, d'abord vassaux directs de la couronne dans le IX^e^ siècle, relevèrent ensuite des ducs de Normandie, qui en mouvaient eux-mêmes, de sorte qu'alors ils ne furent plus qu'arrière-vassaux de France, sans que du reste leur qualité intrinsèque fût diminuée.

Les sires de Pons ou leurs auteurs, après avoir été également feudataires directs avant la séparation du Poitou et de la Saintonge, relevèrent assez long-temps du duché d'Aquitaine, aussi fief immédiat de la couronne.

La tige principale des premiers s'éteignit avant que l'investiture donnée par Philippe-Auguste à Arthus, neveu de Jean-sans-Terre, la confiscation de la Normandie, et plus spécialement l'érection en duché-pairie du comté de Bretagne en faveur de Pierre de Dreux, époux d'Alix de Bretagne, l'an 1297, eût rendu cette dernière province à sa mouvance primitive.

Les seconds, au contraire, redevinrent feudataires directs (barons du royaume), d'abord sous ledit roi, ensuite par la réunion définitive de la Saintonge entre Mer et Charente (partie de l'Aquitaine), sous le règne de St.-Louis, et conservèrent cet avantage jusque vers la fin du XVIe siècle.

Les comtes de Bretagne jouissaient dans leurs domaines des droits *régaliens*, et dès-lors étaient regardés comme *souverains*, bien que, suivant l'usage, ils ne prissent dans tous leurs actes que le titre de leur apanage (celui de comte ou de duc), et quelquefois même ne s'intitulassent que Geoffroy ou Pierre de Bretagne.

Il en est de même des sires de Pons, qualifiés ordinairement, sires, barons, comtes et vicomtes, ou simplement nommés Renaud de Pons, Guy de Pons, etc., sauf l'étendue du territoire que de grandes alliances rendirent presque aussi considérable dans la suite.

Depuis Rollon, premier duc de Normandie, auquel fut cédée la suzeraineté immédiate de la Bretagne, les comtes de Bretagne furent princes étrangers, et devinrent Anglais après que Guillaume eut conquis l'Angleterre.

Les sires de Pons ont été également étrangers, et Anglais jusqu'à la réunion de la Saintonge.

On pourrait ajouter comme une circonstance assez remarquable, que les domaines de ces mêmes comtes de Bretagne, et ceux des sires de Pons, furent, au détriment des lignes séparées, transmis par des filles à d'autres maisons que la leur, c'est-à-dire à celle d'Angleterre (Plantagenet) en 1167, par le mariage de Geoffroy, fils de Henri II, avec Constance, héritière de Conan, duc de Bretagne, et à celle d'Albret vers 1586.

Quant à nous, sans prétendre à aucune comparaison avec une branche aussi illustre à tous égards que la maison de Rohan, excepté toutefois en ce qui concerne l'origine, nous dirons seulement :

Que M. Clairambault, généalogiste des Ordres du Roi, a reconnu celle-ci comme *puînée* de Bretagne, à cause du comté de Porrhoët tenu en *juveignerie* vers l'an 1021 ; et que M. Chérin père, aussi généalogiste des ordres, nous a reconnu comme *puînés* de Pons, à raison principalement de nos fiefs légitimaires ( celui du nom *de Asneriis* et autres ), tenus en *parage* dès le milieu du XII$^{e}$ siècle (1).

Que c'est en 1757 que les princes de Rohan ont obtenu la reconnaissance de leur qualité *princière*, et que c'est en 1825 que nous avons formé notre demande; c'est-à-dire, pour l'un et l'autre cas, à une époque bien postérieure à la réunion des provinces qui furent le berceau des deux maisons, à l'anéantissement de leurs anciens droits de souveraineté, et à l'extinction de leur tige-mère.

Nous ferons remarquer encore, qu'à part l'identité d'origine existant entre la branche de Porrhoët, issue d'un puîné de Bretagne, et la nôtre formée par un puîné de Pons, le prince de Soubise auquel fut adressée la lettre précédente, représentait comme nous un frère puîné; que la maison de Rohan était composée en 1757 de plusieurs branches, qui toutes usent du privilége reconnu à la *race*, et que la nôtre n'en compte que deux aujourd'hui.

Ce fut enfin d'après la supplique de l'un des chefs de la même mai-

(1) « Les *parageurs*, *paragers*, ou *parageaux*, selon les divers noms que leur donnent les cou- « tumes, sont les *puînés* ou *cadets*, que celle de Bretagne appelle *juveigneurs*, qui tiennent leur « portion en *parage*. » (*Usance de Saintonge, recueillie par Cosme Béchet, avocat au présidial de Saintes, édit. de* 1633, *chap. I*, *p.* 143 *et suiv.*)

— « Le *parage* est un droit au moyen duquel une moindre portion du fief est possédée par les « *puînés* et leurs descendants, lesquels ne doivent *aucun hommage* à l'aîné qui en tient la plus « grande partie, parce que *leur origine est égale*, et qu'ils ont un titre pareil en l'hérédité de leur « père ou aïeul, tout autant de temps qu'ils se trouvent dans le degré de généalogie qui a été ré- « glé par la coutume. » (*Ibid. chap. II*, *p.* 147.)

Voici, d'ailleurs, les propres mots qu'en sa qualité de juge compétent, M. Chérin père a mis en marge du titre contenant l'hommage-lige rendu le 15 février 1430, par Séguin seigneur d'Asnières, au seigneur de Pons : « *Voyez celui de* 1348 ; *ces deux actes établissent le* PARAGE *de la manière la* « *moins équivoque. — Voyez encore* 1460-1482. » (*Expéd. légale des preuves faites par le père de l'Exposant pour les honneurs de la cour, et dont la* MINUTE ORIGINALE *est conservée à la Biblioth. du Roi, cabinet des titres.*)

son, que le Roi ordonna l'examen de la cause; et c'est par une annotation de sa main, que S. M. a daigné nous renvoyer par-devant son Garde-des-Sceaux.

Je suis, etc.

*Signé* Belliard,

Référendaire près la commission du Sceau.

Décembre 1825.

# INVENTAIRE DES PIÈCES PRODUITES.

I. Acte de naissance du demandeur.

II. Lettres patentes d'érection du marquisat d'Asnières-la-Châtaigneraye en faveur de son père, en 1776.

III. Expédition légale des preuves de sa maison pour les honneurs de la cour en 1780, lesquelles contiennent la reconnaissance formelle, que M. Chérin père en a faite au cabinet du St.-Esprit, comme *puînée* des sires de Pons.

IV. Lettre de M. de Beaujon, généalogiste des Ordres du roi, à M. de Beringhen, 1er écuyer en 1767, constatant que les sires de Pons étaient *Barons du royaume* (feudataires de la couronne), dès le règne de Philippe-Auguste.

V. Extrait légal de la condamnation à mort par le tribunal révolutionnaire de Charles-Armand-Augustin vicomte de Pons, dernier rejeton mâle du cinquième et dernier rameau de la tige principale.

VI. État sommaire des différentes branches de la maison de Pons.

VII. Extrait collationné d'un manuscrit appartenant à la Bibliothèque du Roi, et où se trouve relaté un acte de donation, faite en 1493, par François de Pons, premier du nom, vicomte de Turenne, qualifié *prince de Mortagne*.

VIII. Titre original servant à prouver encore que la maison de l'Exposant est issue de celle de Pons; qu'elle descend des Lusignan, comtes d'Angoulême et de la Marche, rois de Jérusalem, etc.

IX. Extrait d'un ancien mémoire manuscrit appartenant à la Bibliothèque du Roi, dans lequel sont mentionnées une décision de St.-Louis et une autre de Philippe III, confirmant le pacte fondamental de la tige-mère de Pons, qui transmettait *à perpétuité* aux héritiers mâles du nom, ses biens, titres, etc.

X. Preuves faites par le marquis de Montmorin, ancien gouverneur de Fontainebleau, pour son admission dans l'ordre du St.-Esprit, en 1778, établissant que l'Exposant, son petit-fils, compte parmi ses aïeux maternels une princesse de la maison régnante (Jeanne de Bourbon-Vendôme), est apparenté à celle de Lorraine, etc.

Généalogie imprimée des sires de Pons comme renseignements.

www.ingramcontent.com/pod-product-compliance
Lightning Source LLC
LaVergne TN
LVHW010016230826
846092LV00002B/850

* 9 7 8 2 0 1 9 2 3 8 9 7 1 *